CONFRATERNITATEM SANCTI PETRUS

Post decadem Rosarii dicant:
V. Memento, Domine, congregationis tuæ.
R. Quam possedisti ab initio.

Oremus. Domine Jesu, in testimonium Veritatis natus, qui usque in finem diligis quos elegeris, exaudi benigne preces nostras pro nostris pastoribus. Tu qui omnia nosti, scis quia amant Te et omnia possunt in Te qui eos confortas : sanctifica eos in Veritate, infunde in eis, quæsumus, Spiritum quem Apostolis tuis dedisti, qui eos in omnibus Tui similes efficiat. Accipe quod Tibi tribuunt testimonium amoris, qui triplici Petri confessioni benignus annuisti.

Et ut oblatio munda sine intermissione Sanctissimæ Trinitati ubique offeratur, novam eis propitius adjunge prolem, et omnes jugiter in Tua serva caritate, qui cum Patre et eodem Spiritu Sancto unus es Deus, cui gloria et honor in sæcula. Amen.

Nihil obstat: Vic. Gen. FSSP, 05.II.2007
Imprimatur: Vic. Gen. Diœc. Laus. Gen. Frib., 28.II.2007

MY LITTLE BOOK OF LATIN PRAYERS

© **David Nicoll, 2012**

All rights reserved. No part of this book may be reprinted or reproduced or utilized in any form or by any electronic, mechanical, or other means, now known or hereafter invented, including photocopying and recording, or in any form of storage or retrieval system, without prior permission in writing from the publisher. If purchased in e-book format you may make ONE copy only for personal backup purposes.

ISBN #: 978-1-4717-6518-6 (paperback)

Nihil Obstat:
Rev. Dr. Brendan C. P. Killeen
30.IV.2012

Imprimatur:
Rev. Mgr. Provost Séan Healy,
Vicarius Generalis Northamptoniensis
04.V.2012

FOREWORD

Welcome to "My little book of Latin prayers".

It grew out of a personal desire to have a small, portable book which I could readily access as I started to learn to pray in Latin.

I didn't need or want anything complicated, I didn't want or need translations, I didn't want or need any liturgical content. I simply wanted something to help me in my private devotions as I started to appreciate the beauty of the Church's "universal language".

My prayer as I open it up to others to use is that you find it as helpful in your Christian journey as I have.

With every blessing.

David Nicoll

Pope Pius XI, *Officiorum Omnium*, 1922
"For the Church, precisely because it embraces all nations and is destined to endure until the end of time... of its very nature requires a language which is universal, immutable, and non-vernacular."

Pope John XXIII, *Veterum Sapientia*, 1962
"The Catholic Church has a dignity far surpassing that of every merely human society, for it was founded by Christ the Lord. It is altogether fitting, therefore, that the language it uses should be noble, majestic and non-vernacular."

Cicero
"it is not so much excellent to know Latin, as it is a shame not to know it."

INDEX

AD MÉNTEM........6
AGNUS DEI 32
ALMA REDEMPTORIS MATER 26
ANGELE DEI.......15
ANGELUS...............16
ÁVE MARÍA............1
AVE, MARIS STELLA..............18
AVE, REGINA CAELORUM 25
BENEDICTIO ANTE MENSAM 33
BENEDICTIO POST MENSAM 33
BENEDICTUS 23
CONFITEOR........30
CORONA DIVINAE MISERICORDIAE 12
DE QUATTUOR NOVISSIMIS MEMORANDIS 66
DEUS MEUS 30
GLÓRIA 31
GLÓRIA PÁTRI 5
IN NÓMINE PÁTRIS.................1
LITANIAE DE SACRATISSIMO CORDE IESU ..49
LITANIAE LAURETANAE 34
LITANIAE PRETIOSISSIMI SANGUINIS DOMINI NOSTRI IESU CHRISTI............52
LITANIAE SANCTI IOSEPH 37
LITANIAE SANCTISSIMI NOMINIS IESU 45
LITANIAE SANCTORUM .39
MAGNIFICAT 24
MEMENTO...........65
MEMORARE 7
NUNC DIMITTIS 25
O MI IESU...............5
ÓRA PRO NÓBIS..6

OREMUS PRO PONTIFICE NOSTRO 14	SÁLVE REGÍNA 5
ORÉMUS: DÉUS, CÚJUS UNIGÉNITUS ...6	SÁNCTE MÍCHAEL ARCHÁNGELE 7
PÁTER NÓSTER ..1	SANCTUS 31
PROFESSIO FIDEI TRIDENTINA 60	STABAT MATER DOLOROSA 20
QUICUMQUE 55	SUB TUUM PRAESIDIUM ..15
REGINA CAELI ...17	SYMBOLUM APOSTOLORUM 4
REGINA SINE LABE ORIGINALI CONCEPTA 15	SYMBOLUM NICAENUM 2
ROSARIUM VIRGINIS MARIAE (I) 8	TE DEUM 28
	VENI, SANCTE SPIRITUS 32
ROSARIUM VIRGINIS MARIAE (II) 10	VIRTUTES THEOLOGICAE 13

IN NÓMINE PÁTRIS
et Fílii
et Spíritus Sáncti.
Amen.

PÁTER NÓSTER,
qui es in cáelis,
sanctificétur nómen túum.
Advéniat régnum túum.
Fíat volúntas túa,
sícut in cáelo et in térra.
Pánem nóstrum quotidiánum da nóbis hódie,
et dimítte nóbis débita nóstra,
sícut et nos dimíttimus debitóribus nóstris.
Et ne nos indúcas in tentatiónem:
sed líbera nos a málo.

ÁVE MARÍA, grátia pléna,
Dóminus técum;
benedícta tu in muliéribus,
et benedíctus frúctus véntris túi, Jésus.
Sáncta María, Máter Déi,
óra pro nóbis peccatóribus,
nunc et in hóra mórtis nóstræ.
Amen.

SYMBOLUM NICÆNUM

CREDO IN UNUM DEUM,
Patrem omnipoténtem,
Factórem cæli et terræ,
Visibílium ómnium et invisibílium.
Et in unum Dóminum Iesum Christum,
Fílium Dei Unigénitum,
Et ex Patre natum ante ómnia sæcula.
Deum de Deo, lumen de lúmine, Deum verum de Deo vero,
Génitum, non factum, consubstantiálem Patri:
Per quem ómnia facta sunt.
Qui propter nos hómines et propter nostram salútem
Descéndit de cælis.
Et incarnátus est de Spíritu Sancto
Ex María Vírgine, et homo factus est.
Crucifíxus étiam pro nobis sub Póntio Piláto;
Passus, et sepúltus est,
Et resurréxit tértia die, secúndum Scriptúras,
Et ascéndit in cælum, sedet ad déxteram Patris.
Et íterum ventúrus est cum glória,
Iudicáre vivos et mórtuos,
Cuius regni non erit finis.
Et in Spíritum Sanctum, Dóminum et vivificántem:

Qui ex Patre Filióque procédit.
Qui cum Patre et Fílio simul adorátur et conglorificátur:
Qui locútus est per prophétas.
Et unam, sanctam, cathólicam et apostólicam Ecclésiam.
Confíteor unum baptísma in remissiónem peccatorum.
Et expecto resurrectionem mortuorum,
Et vitam ventúri sæculi. Amen.

SYMBOLUM APOSTOLORUM

CRÉDO IN DÉUM,
Pátrem omnipoténtem,
Creatórem cáeli et térræ.
Et in Jésum Chrístum,
Fílium éjus unícum, Dóminum nóstrum:
qui concéptus est de Spíritu Sáncto,
nátus ex María Vírgine,
pássus sub Póntio Piláto,
crucifíxus, mórtuus, et sepúltus:
descéndit ad ínferos:
tértia díe resurréxit a mórtuis:
ascéndit ad cáelos:
sédet ad déxteram Déi Pátris omnipoténtis:
índe ventúrus est judicáre vívos et mórtuos.
Crédo in Spíritum Sánctum,
sánctam Ecclésiam Cathólicam,
sanctórum communiónem,
remissiónem peccatórum,
cárnis resurrectiónem,
vítam ætérnam.
Amen.

GLÓRIA PÁTRI, et Fílio, et Spirítui Sáncto.
Sícut érat in princípio
et nunc
et sémper
et in sáecula sæculórum.

O MI IESU:
Dimitte nobis peccata nostra;
Conserva nos ab igne inferni;
Conduc in cælum omnes animas,
Præsertim illas,
quæ misericordiæ tuæ maxime indigent.

SÁLVE REGÍNA, máter misericórdiæ:
víta, dulcédo, et spes nóstra, sálve.
Ad te clamámus,
éxsules fílii Hévæ.
Ad te suspirámus,
geméntes et fléntes
in hac lacrimárum válle.
éja érgo, Advocáta nóstra,
íllos túos misericórdes óculos
ad nos convérte.
Et Jésum, benedíctum frúctum véntris túi,
nóbis post hoc exsílium osténde.
O clémens, O pía, O dúlcis Vírgo María.

ÓRA PRO NÓBIS sáncta Déi Génitrix,
ut dígni efficiámur promissiónibus Chrísti.

ORÉMUS: DÉUS, CÚJUS UNIGÉNITUS
per vítam, mórtem et resurrectiónem
súam nóbis salútis
ætérnæ præmia comparávit:
concéde, quæsumus:
ut hæc mystéria sacratíssimo beátæ Maríæ
Vírginis Rosário recoléntes,
et imitémur quod cóntinent,
et quod promíttunt,
assequámur.
Per eúndem Chrístum Dóminum nóstrum.
Amen.

AD MÉNTEM Súmmi Pontíficis Benedícti Decimi Sexti

Pater Noster …
Ave Maria …
Gloria Patri …

MEMORARE, o piisima Virgo Maria,
non esse auditum a sæculo,
quemquam ad tua currentem præsidia,
tua implorantem auxilia,
tua petentem suffragia esse derelicta.
Nos tali animati confidentia ad te,
Virgo Virginum, Mater, currimus;
ad te venimus;
coram te gementes peccatores assistimus.
Noli, Mater Verbi, verba nostra despicere,
sed audi propitia et exaudi.
Amen.

SÁNCTE MÍCHÆL ARCHÁNGELE,
defénde nos in proélio,
cóntra nequítiam et insídias diaboli
ésto præsídium.
Ímperet ílli Déus,
súpplices deprecámur:
tuque, prínceps milítiæ cæléstis,
Sátanam aliósque spíritus malígnos,
qui ad perditiónem animárum pervagántur in
múndo,
divína virtúte,
in inférnum detrúde.
Ámen

ROSARIUM VIRGINIS MARIÆ (I)

**Mystéria gaudiósa
(feria secunda et feria quinta):**
*Annuntiatiónem Beátæ Maríæ Vírginis
Visitatiónem Beátæ Maríæ Vírginis
Nativitátem Dómini nostri Jesu Christi
Oblatiónem Dómini nostri Jesu Christi
Inventiónem Dómini nostri Jesu Christi in templo*

**Mystéria dolorosa
(feria tertia et feria sexta):**
*Agóniam Dómini nostri Jesu Christi in horto
Flagellatiónem Dómini nostri Jesu Christi
Coronatiónem spinis Dómini nostri Jesu Christi
Bajulatiónem Crucis
Crucifixiónem Dómini nostri Jesu Christi*

**Mystéria gloriósa
(feria quarta et Sabbatum):**
*Resurrectiónem Dómini nostri Jesu Christi a
mórtuis
Ascensiónem Dómini nostri Jesu Christi in cáelum
Missiónem Spíritus Sancti in discípulos
Assumptiónem Beátæ Maríæ Vírginis in cáelum
Coronatiónem Beátæ Maríæ Vírginis in cáelum*

Dominica
Adventus et Nativitatis: Mystéria gaudiósa
Quadragesima ut Dominica in Palmis:
Mystéria dolorosa
Tempus per annum et Pascha ut Dominica
ante Adventum: Mystéria gloriósa

ROSARIUM VIRGINIS MARIÆ (II)

**Mystéria gaudiósa
(feria secunda et Sabbatum):**
*Annuntiatiónem Beátæ Maríæ Vírginis
Visitatiónem Beátæ Maríæ Vírginis
Nativitátem Dómini nostri Jesu Christi
Oblatiónem Dómini nostri Jesu Christi
Inventiónem Dómini nostri Jesu Christi in templo*

**Mystéria luminósa
(feria quinta):**
*Qui apud Iordanem baptizatus est
Qui ipsum revelavit apud Canense matrimonium
Qui Regnum Dei annuntiavit
Qui transfiguratus est
Qui Eucharistiam instituit*

**Mystéria dolorosa
(feria tertia et feria sexta):**
*Agóniam Dómini nostri Jesu Christi in horto
Flagellatiónem Dómini nostri Jesu Christi
Coronatiónem spinis Dómini nostri Jesu Christi
Bajulatiónem Crucis
Crucifixiónem Dómini nostri Jesu Christi*

Mystéria gloriósa
(feria quarta et Dominica):

Resurrectiónem Dómini nostri Jesu Christi a mórtuis

Ascensiónem Dómini nostri Jesu Christi in cáelum

Missiónem Spíritus Sancti in discípulos

Assumptiónem Beátæ Maríæ Vírginis in cáelum

Coronatiónem Beátæ Maríæ Vírginis in cáelum

CORONA DIVINÆ MISERICORDIÆ

Pater Noster …

Ave Maria …

Symbolum Apostolorum …

[Ad singula grana in quibus PATER NOSTER dicitur:]

PATER æterne, offero tibi Corpus et Sanguinem, animam et divinitatem dilectissimi Filii Tui, Domini nostri, Iesu Christi, in propitiatione pro peccatis nostris et totius mundi.

[Ad singula grana in quibus AVE MARIA dicitur:]

Pro dolorosa Eius passione, miserere nobis et totius mundi.

[In conclusione, ter dicitur:]

SANCTUS Deus, Sanctus Fortis, Sanctus Immortalis, miserere nobis et totius mundi.

VIRTUTES THEOLOGICÆ

DEUS MEUS, firmiter credo Te esse unum Deum in tribus distinctis Personis, Patre, Filio et Spiritu Sancto; et Filium propter nostram salutem incarnatum, passum et mortuum esse, resurrexisse a mortuis, et unicuique pro meritis retribuere aut præmium in Paradiso aut poenam in Inferno. Hæc ceteraque omnia quæ credit et docet catholica Ecclesia, credo quia Tu ea revelasti, qui nec ipse falli nec nos fallere potes.

DEUS MEUS, cum sis omnipotens, infinite misericors et fidelis, spero Te mihi daturum, ob merita Iesu Christi, vitam æternam et gratias necessarias ad eam consequendam, quam Tu promisisti iis qui bona opera facient, quemadmodum, Te adiuvante, facere constituo. Amen.

DEUS MEUS, ex toto corde amo Te super omnia, quia es infinite bonus et infinite amabilis; et ob amorem Tui proximum meum diligo sicut meipsum, eique, si quid in me offendit, ignosco.

OREMUS PRO PONTIFICE NOSTRO BENEDICTO DECIMI SEXTI.

Dominus conservet eum,
et vivificet eum,
et beatum faciat eum in terra,
et non tradat eum
in animam inimicorum eius.

Pater noster …

Áve María …

Deus,
omnium fidelium pastor et rector,
famulum tuum Benedictum,
quem pastorem Ecclesiæ
tuæ præesse voluisti,
propitius respice:
da ei, quæsumus,
verbo et exemplo,
quibus præest, proficere:
ut ad vitam, una cum grege sibi credito,
perveniat sempiternam.
Per Christum, Dominum nostrum.
Amen.

ANGELE DEI,
qui custos es mei,
Me tibi commissum pietate superna;
(Hodie, Hac nocte) illumina,
custodi,
rege,
et guberna.
Amen.

SUB TUUM PRÆSIDIUM confugimus,
Sancta Dei Genetrix. Nostras deprecationes
ne despicias in necessitatibus, sed a periculis
cunctis libera nos semper, Virgo gloriosa et
benedicta. Amen.

**REGINA SINE LABE ORIGINALI
CONCEPTA**, ora pro nobis

ANGELUS Domini nuntiavit Mariæ.
Et concepit de Spiritu Sancto.

Ave Maria …

Ecce ancilla Domini,
Fiat mihi secundum verbum tuum.

Ave Maria …

Et Verbum caro factum est,
Et habitavit in nobis.

Ave Maria …

Ora pro nobis, sancta Dei Genetrix,
Ut digni efficiamur promissionibus Christi.

Oremus.
Gratiam tuam, quæsumus,
Domine, mentibus nostris infunde;
ut qui, Angelo nuntiante,
Christi Filii tui incarnationem cognovimus,
per passionem
eius et crucem ad resurrectionis gloriam
perducamur.
Per eumdem Christum Dominum nostrum.
Amen.

REGINA CÆLI, lætare, alleluia.
Quia quem meruisti portare, alleluia.

Resurrexit, sicut dixit, alleluia.
Ora pro nobis Deum, alleluia.

Gaude et lætare, Virgo Maria, alleluia.
Quia surrexit Dominus vere, alleluia.

Oremus.
Deus, qui per resurrectionem Filii tui,
Domini nostri Iesu Christi,
mundum lætificare dignatus es:
præsta, quæsumus;
ut per eius Genetricem Virginem Mariam,
perpetuæ capiamus gaudia vitæ.
Per eundem Christum Dominum nostrum.
Amen.

AVE, MARIS STELLA,
Dei mater alma,
atque semper virgo,
felix cœli porta

Sumens illud «Ave»
Gabrielis ore,
funda nos in pace,
mutans Evæ nomen.

Solve vincla reis,
profer lumen cæcis,
mala nostra pelle,
bona cuncta posce.

Monstra te esse matrem,
sumat per te precem
qui pro nobis natus
tulit esse tuus.

Virgo singularis,
inter omnes mitis,
nos culpis solutos
mites fac et castos

Vitam præsta puram,
iter para tutum,
ut videntes Jesum
semper collætemur.

Sit laus Deo Patri,
summo Christo decus,
Spiritui Sancto
honor, tribus unus. Amen.

STABAT MATER DOLOROSA
iuxta Crucem lacrimosa,
dum pendebat Filius.

Cuius animam gementem,
contristatam et dolentem
pertransivit gladius.

O quam tristis et afflicta
fuit illa benedicta,
mater Unigeniti!

Quæ mærebat et dolebat,
pia Mater, dum videbat
nati poenas inclyti.

Quis est homo qui non fleret,
matrem Christi si videret
in tanto supplicio?

Quis non posset contristari
Christi Matrem contemplari
dolentem cum Filio?

Pro peccatis suæ gentis
vidit Iesum in tormentis,
et flagellis subditum.

Vidit suum dulcem Natum
moriendo desolatum,
dum emisit spiritum.

Eia, Mater, fons amoris
me sentire vim doloris
fac, ut tecum lugeam.

Fac, ut ardeat cor meum
in amando Christum Deum
ut sibi complaceam.

Sancta Mater, istud agas,
crucifixi fige plagas
cordi meo valide.

Tui Nati vulnerati,
tam dignati pro me pati,
poenas mecum divide.

Fac me tecum pie flere,
crucifixo condolere,
donec ego vixero.

Iuxta Crucem tecum stare,
et me tibi sociare
in planctu desidero.

Virgo virginum præclara,
mihi iam non sis amara,
fac me tecum plangere.

Fac, ut portem Christi mortem,
passionis fac consortem,
et plagas recolere.

Fac me plagis vulnerari,
fac me Cruce inebriari,
et cruore Filii.

Flammis ne urar succensus,
per te, Virgo, sim defensus
in die iudicii.

Christe, cum sit hinc exire,
da per Matrem me venire
ad palmam victoriæ.

Quando corpus morietur,
fac, ut animæ donetur
paradisi gloria. Amen.

BENEDICTUS Dominus Deus Israel;
quia visitavit et fecit redemptionem plebi suæ
et erexit cornu salutis nobis,
in domo David pueri sui,
sicut locutus est per os sanctorum,
qui a sæculo sunt, prophetarum eius,
salutem ex inimicis nostris,
et de manu omnium, qui oderunt nos;
ad faciendam misericordiam cum patribus
nostris, et memorari testamenti sui sancti,
iusiurandum, quod iuravit ad Abraham patrem
nostrum, daturum se nobis,
ut sine timore, de manu inimicorum liberati,
serviamus illi
in sanctitate et iustitia coram ipso omnibus
diebus nostris.
Et tu, puer, propheta Altissimi vocaberis:
præibis enim ante faciem Domini parare vias
eius,
ad dandam scientiam salutis plebi eius in
remissionem peccatorum eorum,
per viscera misericordiæ Dei nostri, in quibus
visitabit nos oriens ex alto,
illuminare his, qui in tenebris et in umbra
mortis sedent, ad dirigendos pedes nostros in
viam pacis.

MAGNIFICAT anima mea Dominum,
et exsultavit spiritus meus in Deo salvatore meo,
quia respexit humilitatem ancillæ suæ.
Ecce enim ex hoc beatam me dicent omnes generationes,
quia fecit mihi magna,
qui potens est,
et sanctum nomen eius,
et misericordia eius in progenies et progenies timentibus eum.
Fecit potentiam in brachio suo,
dispersit superbos mente cordis sui;
deposuit potentes de sede
et exaltavit humiles;
esurientes implevit bonis
et divites dimisit inanes.
Suscepit Israel puerum suum,
recordatus misericordiæ,
sicut locutus est ad patres nostros,
Abraham et semini eius in sæcula.

NUNC DIMITTIS
servum tuum, Domine,
secundum verbum tuum in pace:
Quia viderunt oculi mei salutare tuum
Quod parasti ante faciem omnium
populorum:
Lumen ad revelationem gentium,
et gloriam plebis tuæ Israël.

AVE, REGINA CÆLORUM,
Ave, Domina Angelorum:
Salve, radix, salve, porta
Ex qua mundo lux est orta:
Gaude, Virgo gloriosa,
Super omnes speciosa,
Vale, o valde decora,
Et pro nobis Christum exora.

Dignare me laudare te, Virgo sacrata.
Da mihi virtutem contra hostes tuos.

Oremus:
Concede, misericors Deus, fragilitati nostræ
præsidium: ut, qui sanctæ Dei Genitricis
memoriam agimus; intercessionis eius auxilio,
a nostris iniquitatibus resurgamus. Per
eundem Christum Dominum nostrum. Amen.

ALMA REDEMPTORIS MATER,
quæ pervia cæli Porta manes,
et stella maris,
succurre cadenti,
Surgere qui curat, populo:
tu quæ genuisti,
Natura mirante,
tuum sanctum Genitorem Virgo prius ac
posterius,
 Gabrielis ab ore Sumens illud Ave,
peccatorum miserere.

[Tempus Adventus]

Angelus Domini nuntiavit Mariæ
Et concepit de Spiritu Sancto.

Oremus
Gratiam tuam quæsumus, Domine, mentibus
nostris infunde; ut qui, angelo nuntiante,
Christi Filii tui Incarnationem cognovimus,
per passionem ejus et crucem, ad
resurrectionis gloriam perducamur. Per
eumdem Christum Dominum nostrum.
Amen.

[Donec Purificatio]

Post Partum Virgo inviolata permansisti.
Dei Genitrix, intercede pro nobis.

Oremus
Deus, qui salutis æternæ beatæ Mariæ
virginitate foecunda humano generi præmia
præstitisti: tribue, qæsumus, ut ipsam pro
nobis intercedere sentiamus, per quam
meruimus, Auctorem vitæ suscipere
Dominum nostrum Jesum Christum Filium
tuum. Amen.

TE DEUM laudamus:
te Dominum confitemur.
Te æternum Patrem
omnis terra veneratur.
Tibi omnes Angeli;
tibi cæli et universæ Potestates;
Tibi Cherubim et Seraphim
incessabili voce proclamant:
Sanctus, Sanctus, Sanctus,
Dominus Deus Sabaoth.
Pleni sunt cæli et terra
maiestatis gloriæ tuæ.

Te gloriosus Apostolorum chorus,
Te Prophetarum laudabilis numerus,
Te Martyrum candidatus laudat exercitus.
Te per orbem terrarum
sancta confitetur Ecclesia,
Patrem immensæ maiestatis:
Venerandum tuum verum et unicum Filium;
Sanctum quoque Paraclitum Spiritum.

Tu Rex gloriæ, Christe.
Tu Patris sempiternus es Filius.
Tu ad liberandum suscepturus hominem,
non horruisti Virginis uterum.
Tu, devicto mortis aculeo,
aperuisti credentibus regna cælorum.

Tu ad dexteram Dei sedes, in gloria Patris.
Iudex crederis esse venturus.
Te ergo quæsumus, tuis famulis subveni:
quos pretioso sanguine redemisti.
Æterna fac cum sanctis tuis in gloria numerari.

Salvum fac populum tuum,
Domine, et benedic hereditati tuæ.
Et rege eos, et extolle illos usque in æternum.
Per singulos dies benedicimus te;
Et laudamus Nomen tuum in sæculum, et in
sæculum sæculi.
Dignare, Domine, die isto sine peccato nos
custodire.

Miserere nostri Domine, miserere nostri.
Fiat misericordia tua,
Domine, super nos, quemadmodum
speravimus in te.
In te, Domine, speravi:
non confundar in æternum.

CONFITEOR Deo omnipotenti,
et vobis, fratres,
quia peccavi nimis,
cogitatione, verbo,
opere, et omissióne:
mea culpa, mea culpa, mea maxima culpa;
ideo precor beatam Mariam semper Vírginem,
omnes Angelos et Sanctos,
et vos, fratres, orare pro me
ad Dominum Deum nostrum.

DEUS MEUS,
ex toto corde poenitet me omnium meorum
peccatorum,
eaque detestor, quia peccando,
non solum poenas a Te iuste statutas
promeritus sum,
sed præsertim quia offendi Te,
summum bonum, ac dignum qui super omnia
diligaris.
Ideo firmiter propono, adiuvante gratia Tua,
de cetero me non peccaturum peccandique
occasiones proximas fugiturum. Amen.

GLÓRIA in excélsis Deo
et in terra pax homínibus bonæ voluntátis.
Laudámus te. Benedícimus te. Adorámus te.
Glorificámus te. Grátias ágimus tibi propter
magnam glóriam tuam. Dómine Deus, Rex
cæléstis, Deus Pater omnípotens.
Dómine Fili Unigénite, Iesu Christe,
Dómine Deus, Agnus Dei,
Fílius Patris,
qui tollis peccáta mundi,
miserére nobis;
qui tollis peccáta mundi,
súscipe deprecatiónem nostram.
Qui sedes ad déxteram Patris,
miserére nobis.
Quóniam tu solus Sanctus.
Tu solus Dóminus.
Tu solus Altíssimus, Iesu Christe.
Cum Sancto Spíritu, in glória Dei Patris.
Amen.

SANCTUS, sanctus, sanctus,
Dóminus Deus Sábaoth.
Pleni sunt cæli et terra glória tua.
Hosánna in excélsis.
Benedíctus, qui venit in nómine Dómini.
Hosánna in excélsis.

NUS DEI, qui tollis peccáta mundi, miserére nobis.
Agnus Dei, qui tollis peccáta mundi, miserére nobis.
Agnus Dei, qui tollis peccáta mundi, dona nobis pacem.

VENI, SANCTE SPIRITUS,
reple tuorum corda fidelium, et tui amoris in eis ignem accende.

Emitte Spiritum tuum et creabuntur;
Et renovabis faciem terræ.

Oremus:
DEUS, qui corda fidelium Sancti Spiritus illustratione docuisti: da nobis in eodem Spiritu recta sapere, et de eius semper consolatione gaudere. Per Christum Dominum nostrum. Amen.

BENEDICTIO ANTE MENSAM

BENEDIC, Domine, nos et hæc tua dona quæ de tua largitate sumus sumpturi. Per Christum Dominum nostrum. Amen.

[Ante prandium:]
Mensæ cælestis participes faciat nos, Rex æternæ gloriæ. Amen.

[Ante cenam:]
Ad cenam vitæ æternæ perducat nos, Rex æternæ gloriæ.

Amen.

BENEDICTIO POST MENSAM

AGIMUS tibi gratias, omnipotens Deus, pro universis beneficiis tuis, qui vivis et regnas in sæcula sæculorum. Amen.

Deus det nobis suam pacem.
Et vitam æternam.

Amen

LITANIÆ LAURETANÆ

Kyrie eleison. *Kyrie eleison.*
Christe eleison. *Christe eleison.*
Kyrie eleison. *Kyrie eleison.*

Christe, audi nos. *Christe, exaudi nos.*

Pater de cælis Deus, *miserere nobis.*
Fili redemptor mundi Deus, *miserere nobis.*
Spiritus Sancte Deus, *miserere nobis.*
Sancta Trinitas unus Deus, *miserere nobis.*

Sancta Maria, *ora pro nobis*.*
Sancta Dei Genitrix, *
Sancta Virgo virginum, *
Mater Christi, *
Mater divinæ gratiæ, *
Mater purissima, *
Mater castissima, *
Mater inviolata, *
Mater intemerata, *
Mater amabilis, *
Mater admirabilis, *
Mater boni consilii, *
Mater Creatoris, *
Mater Salvatoris, *
Virgo prudentissima, *

Virgo veneranda, *
Virgo prædicanda, *
Virgo potens, *
Virgo clemens, *
Virgo fidelis, *
Speculum justitiæ, *
Sedes sapientiæ, *
Causa nostræ lætitiæ, *
Vas spirituale, *
Vas honorabile, *
Vas insigne devotionis, *
Rosa mystica, *
Turris Davidica, *
Turris eburnea, *
Domus aurea, *
Foederis arca, *
Janua cæli, *
Stella matutina, *
Salus infirmorum, *
Refugium peccatorum, *
Consolatrix afflictionem, *
Auxilium Christianorum, *
Regina angelorum, *
Regina patriarcharum, *
Regina prophetarum, *
Regina apostolorum, *
Regina martyrum, **
Regina confessorum,

Regina virginum, *
Regina sanctorum omnium, *
Regina sine labe originali concepta, *
Regina sacratissimi Rosarii, *
Regina pacis, *

Agnus Dei, qui tollis peccata mundi: *Parce nobis, Domine.*
Agnus Dei, qui tollis peccata mundi: *Exaudi nos, Domine.*
Agnus Dei, qui tollis peccata mundi: *Miserere nobis.*

Ora pro nobis, sancta Dei Genetrix,
Ut digni efficiamur promissionibus Christi.

Oremus.
Omnipotens sempiterne Deus,
qui gloriosæ Virginis Matris Mariæ corpus et animam,
ut dignum Filii tui habitaculum effici mereretur,
Spiritu Sancto cooperante, præparasti:
da, ut cujus commemoratione lætamur,
ejus pia intercessione ab instantibus malis,
et a morte perpetua liberemur.
Per eundem Christum Dominum nostrum.
Amen.

LITANIÆ SANCTI IOSEPH

Kyrie, eleison.
Christe, eleison.
Kyrie, eleison.
Christe, audi nos. *Christe, exaudi nos.*

Pater de cælis, Deus, *miserere nobis.*
Fili, Redemptor mundi, Deus, *miserere nobis.*
Spiritus Sancte Deus, *miserere nobis.*
Sancta Trinitas, unus Deus, *miserere nobis.*

Sancta Maria, *ora pro nobis* *
Sancte Ioseph, *
Proles David inclyta, *
Lumen Patriarcharum, *
Dei Genetricis Sponse, *
Custos pudice Virginis, *
Filii Dei nutricie, *
Christi defensor sedule, *
Almæ Familiæ præses, *
Ioseph iustissime, *
Ioseph castissime, *
Ioseph prudentissime, *
Ioseph fortissime, *
Ioseph oboedientissime, *
Ioseph fidelissime, *
Speculum patientiæ, *

Amator paupertatis, *
Exemplar opificum, *
Domesticæ vitæ decus, *
Custos virginum, *
Familiarum columen, *
Solatium miserorum, *
Spes ægrotantium, *
Patrone morientium, *
Terror dæmonum, *
Protector sanctæ Ecclesiæ, *

Agnus Dei, qui tollis peccata mundi, *parce nobis, Domine.*
Agnus Dei, qui tollis peccata mundi, *exaudi nobis, Domine.*
Agnus Dei, qui tollis peccata mundi, *miserere nobis.*

Constituit eum dominum domus suæ. *Et principem omnis possessionis suæ.*

Oremus: Deus, qui in ineffabili providentia beatum Ioseph sanctissimæ Genetricis tuæ Sponsum eligere dignatus es, præsta, quæsumus, ut quem protectorem veneramur in terris, intercessorem habere mereamur in cælis: Qui vivis et regnas in sæcula sæculorum. Amen

LITANIÆ SANCTORUM

Kyrie, eleison, *Kyrie, eleison.*
Christe, eleison, *Christe, eleison.*
Kyrie, eleison, *Kyrie, eleison.*

Christe, audi nos. *Christe, audi nos.*
Christe, exaudi nos. *Christe, exaudi nos.*

Pater de cælis, Deus, *miserere nobis.*
Fili, Redemptor mundi, Deus, *miserere nobis.*
Spiritus Sancte, Deus, *miserere nobis.*
Sancta Trinitas, unus Deus, *miserere nobis.*

Sancta Maria, *ora(te) pro nobis* *
Sancta Dei Genetrix, *
Sancta Virgo virginum, *

Sancte Michæl, *
Sancte Gabriel, *
Sancte Raphæl, *
Omnes sancti Angeli et Archangeli, *
Omnes sancti beatorum Spirituum ordines, *

Sancte Ioannes Baptista, *
Sancte Ioseph, *
Omnes sancti Patriarchæ et Prophetæ, *

Sancte Petre, *
Sancte Paule, *
Sancte Andrea, *
Sancte Iacobe, *
Sancte Ioannes, *
Sancte Thoma, *
Sancte Iacobe, *
Sancte Philippe, *
Sancte Bartolomæe, *
Sancte Matthæe, *
Sancte Simon, *
Sancte Thaddæe, *
Sancte Matthia, *
Sancte Barnaba, *
Sancte Luca, *
Sancte Marce, *
Omnes sancti Apostoli et Evangelistæ, *
Omnes sancti discipuli Domini, *

Omnes sancti Innocentes, *
Sancte Stephane, *
Sancte Laurenti, *
Sancte Vincenti, *
Sancti Fabiane et Sebastiane, *
Sancti Iohannes et Paule, *
Sancti Cosma et Damiane, *
Sancti Gervasi et Protasi, *
Omnes sancti martyres, *

Sancte Sylvester, *
Sancte Gregori, *
Sancte Ambrosi, *
Sancte Augustine, *
Sancte Hieronyme, *
Sancte Martine, *
Sancte Nicolæ, *
Omnes sancti Pontifices et Confessores, *
Omnes sancti Doctores, *

Sancte Antoni, *
Sancte Benedicte, *
Sancte Bernarde, *
Sancte Dominice, *
Sancte Francisce, *
Omnes sancti Sacerdotes et Levitæ, *
Omnes sancti Monachi et Eremitæ, *

Sancta Maria Magdalena, *
Sancta Agatha, *
Sancta Lucia, *
Sancta Agnes, *
Sancta Cæcilia, *
Sancta Catharina, *
Sancta Anastasia, *
Omnes sanctæ Virgines et Viduæ *

Omnes Sancti et Sanctæ Dei, *intercedite pro nobis.*
Propitius esto, *parce nos, Domine.*
Propitius esto, *exaudi nos, Domine.*

Ab omni malo, *libera nos, Domine*†
Ab omni peccato, †
Ab ira tua, †
A subitanea et improvisa morte, †
Ab insidiis diaboli, †
Ab ira et odio et omni mala voluntate, †
A spiritu fornicationis, †
A fulgure et tempestate, †
A flagello terræmotus, †
A peste, fame et bello, †
A morte perpetua, †
Per mysterium sanctæ Incarnationis tuæ, †
Per adventum tuum, †
Per nativitatem tuam, †
Per baptismum et sanctum ieiunium tuum, †
Per crucem et passionem tuam, †
Per mortem et sepulturam tuam, †
Per sanctam resurrectionem tuam, †
Per admirabilem ascensionem tuam, †
Per adventum Spiritus Sancti Pracliti, †
In die iudicii, †

Peccatores, *Te rogamus, audi nos.*

Ut nobis parcas, ℟
Ut nobis indulgeas, ℟
Ut ad veram pænitentiam nos perducere digneris, ℟
Ut Ecclesiam tuam sanctam regere et conservare digneris, ℟
Ut domum Apostolicum et omnes ecclesiasticos ordines in sancta religione conservare digneris, ℟.
Ut inimicos sanctæ Ecclesiæ humiliare digneris, ℟
Ut regibus et principibus christianis pacem et veram concordiam donare digneris, ℟
Ut cuncto populo christiano pacem et unitatem largiri digneris, ℟
Ut omnes errantes ad unitatem Ecclesiæ revocare, et infideles universos ad Evangelii lumen perducere digneris, ℟
Ut nosmetipsos in tuo sancto servitio confortare et conservare digneris, ℟
Ut mentes nostras ad cælestia desideria erigas, ℟
Ut omnibus benefactoribus nostris sempiterna bona retribuas, ℟

Ut animas nostras, fratrum, propinquorum et benefactorum nostrorum ab æterna damnatione eripias, ℟
Ut fructus terræ dare et conservare digneris, ℟
Ut omnibus fidelibus defunctis requiem æternam donare digneris, ℟
Ut nos exaudire digneris, ℟

Fili Dei, ℟

Agnus Dei, qui tollis peccata mundi, *parce nobis, Domine.*
Agnus Dei, qui tollis peccata mundi, *exaudi nos, Domine.*
Agnus Dei, qui tollis peccata mundi, *miserere nobis.*

Christe, *audi nos.*
Christe, *exaudi nos.*

Kyrie, eleison. *Kyrie, eleison.*
Christe, eleison. *Christe, eleison.)*
Kyrie, eleison. *Kyrie, eleison.*

Pater noster ... *[silentio]*

Et ne nos inducas in tentationem. *Sed libera nos a malo.*

LITANIÆ SANCTISSIMI NOMINIS IESU

Kyrie, eleison, *Kyrie, eleison.*
Kyrie, eleison, Iesu, audi nos. *Iesu, exaudi nos.*

Pater de cælis, Deus, *miserere nobis**
Fili, Redemptor mundi, Deus, *
Spiritus Sancte, Deus, *
Sancta Trinitas, unus Deus, *
Iesu, Fili Dei vivi, *
Iesu, splendor Patris, *
Iesu, candor lucis æternæ, *
Iesu, rex gloriæ, *
Iesu, sol iustitiæ, *
Iesu, Fili Mariæ Virginis, *
Iesu, amabilis, *
Iesu, admirabilis, *
Iesu, Deus fortis, *
Iesu, pater futuri sæculi, *
Iesu, magni consilii angele, *
Iesu potentissime, *
Iesu patientissime, *
Iesu oboedientissime, *
Iesu, mitis et humilis corde, *
Iesu, amator castitatis, *
Iesu, amator noster, *
Iesu, Deus pacis, *

Iesu, auctor vitæ, *
Iesu, exemplar virtutum, *
Iesu, zelator animarum, *
Iesu, Deus noster, *
Iesu, refugium nostrum, *
Iesu, pater pauperum, *
Iesu, thesaure fidelium, *
Iesu, bone pastor, *
Iesu, lux vera, *
Iesu, sapientia æterna, *
Iesu, bonitas infinita, *
Iesu, via et vita nostra, *
Iesu, gaudium Angelorum, *
Iesu, rex Patriarcharum, *
Iesu, magister Apostolorum, *
Iesu, doctor Evangelistarum, *
Iesu, fortitudo Martyrum, *
Iesu, lumen Confessorum, *
Iesu, puritas Virginum, *
Iesu, corona Sanctorum omnium, *

Propitius esto, *parce nobis, Iesu.*
Propitius esto, *exaudi nos, Iesu.*

Ab omni malo, *libera nos, Iesu*†
Ab omni peccato, †
Ab ira tua, †
Ab insidiis diaboli, †

A spiritu fornicationis, ☦
A morte perpetua, ☦
A neglectu inspirationum tuarum, ☦
Per mysterium sanctæ Incarnationis tuæ, ☦
Per nativitatem tuam, ☦
Per infantiam tuam, ☦
Per divinissimam vitam tuam, ☦
Per labores tuos, ☦
Per agoniam et passionem tuam, ☦
Per crucem et derelictionem tuam, ☦
Per languores tuos, ☦
Per mortem et sepulturam tuam, ☦
Per resurrectionem tuam, ☦
Per ascensionem tuam, ☦
Per sanctissimæ Eucharistiæ institutionem tuam, ☦
Per gaudia tua, ☦
Per gloriam tuam, ☦

Agnus Dei, qui tollis peccata mundi, *parce nobis, Domine.*
Agnus Dei, qui tollis peccata mundi, *exaudi nos, Iesu.*
Agnus Dei, qui tollis peccata mundi, *miserere nobis, Iesu.*
Iesu, audi nos, *Iesu, exaudi nos.*

Oremus.
Domine Iesu Christe, qui dixisti:
Petite et accipietis; quærite et invenietis;
pulsate et aperietur vobis;
quæsumus, da nobis petentibus divinissimi tui
amoris affectum, ut te toto corde,
ore et opere diligamus
et a tua numquam laude cessemus.
Sancti Nominis tui, Domine,
timorem pariter et amorem fac nos habere perpetuum,
quia numquam tua gubernatione destituis,
quos in soliditate, tuæ dilectionis instituis.
Qui vivis et regnas in sæcula sæculorum.
Amen.

LITANIÆ DE SACRATISSIMO CORDE IESU

Kyrie, eleison.
Christe, eleison.
Kyrie, eleison.

Christe, audi nos.
Christe, exaudi nos.

Pater de cælis, Deus, *miserere nobis* *
Fili, Redemptor mundi, Deus, *
Spiritus Sancte, Deus, *
Sancta Trinitas, unus Deus, *

Cor Iesu, Filii Patris æterni, *
Cor Iesu, in sinu Virginis Matris a Spiritu Sancto formatum, *
Cor Iesu, Verbo Dei substantialiter unitum, *
Cor Iesu, maiestatis infinitæ, *
Cor Iesu, templum Dei sanctum, *
Cor Iesu, tabernaculum Altissimi, *
Cor Iesu, domus Dei et porta cæli, *
Cor Iesu, fornax ardens caritatis, *
Cor Iesu, iustitiæ et amoris receptaculum, *
Cor Iesu, bonitate et amore plenum, *
Cor Iesu, virtutum omnium abyssus, *
Cor Iesu, omni laude dignissimum, *

Cor Iesu, rex et centrum omnium cordium, *
Cor Iesu, in quo sunt omnes thesauri sapientiæ et scientiæ, *
Cor Iesu, in quo habitat omnis plenitudo divinitatis, *
Cor Iesu, in quo Pater sibi bene complacuit, *
Cor Iesu, de cuius plenitudine omnes nos accepimus, *
Cor Iesu, desiderium collium æternorum, *
Cor Iesu, patiens et multæ misericordiæ, *
Cor Iesu, dives in omnes qui invocant te, *
Cor Iesu, fons vitæ et sanctitatis, *
Cor Iesu, propitiatio pro peccatis nostris, *
Cor Iesu, saturatum opprobriis, *
Cor Iesu, attritum propter scelera nostra, *
Cor Iesu, usque ad mortem oboediens factum,*
Cor Iesu, lancea perforatum, *
Cor Iesu, fons totius consolationis, *
Cor Iesu, vita et resurrectio nostra, *
Cor Iesu, pax et reconciliatio nostra, *
Cor Iesu, victima peccatorum, *
Cor Iesu, salus in te sperantium, *
Cor Iesu, spes in te morientium, *
Cor Iesu, deliciæ Sanctorum omnium, *

Agnus Dei, qui tollis peccata mundi, *parce nobis, Domine.*
Agnus Dei, qui tollis peccata mundi, *exaudi nos, Domine.*
Agnus Dei, qui tollis peccata mundi, *miserere nobis, Domine.*

Iesu, mitis et humilis Corde, *Fac cor nostrum secundum Cor tuum.*

Oremus. Omnipotens sempiterne Deus, respice in Cor dilectissimi Filii tui et in laudes et satisfactiones, quas in nomine peccatorum tibi persolvit, iisque misericordiam tuam petentibus, tu veniam concede placatus in nomine eiusdem Filii tui Iesu Christi: Qui tecum vivit et regnat in sæcula sæculorum. Amen.

LITANIÆ PRETIOSISSIMI SANGUINIS DOMINI NOSTRI IESU CHRISTI

Kyrie, eleison. *Kyrie, eleison.*
Christe, eleison. *Christe, eleison.*
Kyrie, eleison. *Kyrie, eleison.*

Christe, audi nos. *Christe, audi nos.*
Christe, exaudi nos. *Christe, exaudi nos.*

Pater de cælis, Deus, *miserere nobis.*
Fili, Redemptor mundi, Deus, *miserere nobis.*
Spiritus Sancte, Deus, *miserere nobis.*
Sancta Trinitas, unus Deus, *miserere nobis.*

Sanguis Christi, Unigeniti Patris æterni, *salva nos✝*
Sanguis Christi, Verbi Dei incarnati, ✝
Sanguis Christi, Novi et Æterni Testamenti, ✝
Sanguis Christi, in agonia decurrens in terram,✝
Sanguis Christi, in flagellatione profluens, ✝
Sanguis Christi, in coronatione spinarum emanans, ✝
Sanguis Christi, in Cruce effusus, ✝
Sanguis Christi, pretium nostræ salutis, ✝
Sanguis Christi, sine quo non fit remissio, ✝

Sanguis Christi, in Eucharistia potus et lavacrum animarum, ☩
Sanguis Christi, flumen misericordiæ, ☩
Sanguis Christi, victor dæmonum, ☩
Sanguis Christi, fortitudo martyrum, ☩
Sanguis Christi, virtus confessorum, ☩
Sanguis Christi, germinans virgines, ☩
Sanguis Christi, robur periclitantium, ☩
Sanguis Christi, levamen laborantium, ☩
Sanguis Christi, in fletu solatium, ☩
Sanguis Christi, spes pænitentium, ☩
Sanguis Christi, solamen morientium, ☩
Sanguis Christi, pax et dulcedo cordium, ☩
Sanguis Christi, pignus vitæ æternæ, ☩
Sanguis Christi, animas liberans de lacu Purgatorii, ☩
Sanguis Christi, omni gloria et honore dignissimus, ☩

Agnus Dei, qui tollis peccata mundi, *parce nobis, Domine.*
Agnus Dei, qui tollis peccata mundi, *exaudi nos, Domine.*
Agnus Dei, qui tollis peccata mundi, *miserere nobis, Domine.*
Redemisti nos, Domine, in sanguine tuo. *Et fecisti nos Deo nostro regnum.*

Oremus.
Omnipotens sempiterne Deus,
qui unigenitum Filium tuum mundi
Redemptorem constituisti,
ac eius sanguine placari voluisti:
concede, quæsumus,
salutis nostræ pretium ita venerari,
atque a præsentis vitæ malis
eius virtute defendi in terris,
ut fructu perpetuo lætemur in cælis.
Per eundem Christum Dominum nostrum.
Amen.

QUICUMQUE

Quicumque vult salvus esse,
ante omnia opus est,
ut teneat catholicam fidem:
Quam nisi quisque integram inviolatamque servaverit,
absque dubio in æternum peribit.
Fides autem catholica hæc est:
ut unum Deum in Trinitate,
et Trinitatem in unitate veneremur.
Neque confundentes personas,
neque substantiam separantes.

Alia est enim persona Patris alia Filii,
alia Spiritus Sancti:
Sed Patris, et Filii, et Spiritus Sancti una est divinitas,
æqualis gloria, coeterna maiestas.
Qualis Pater, talis Filius, talis [et] Spiritus Sanctus.
Increatus Pater, increatus Filius, increatus [et] Spiritus Sanctus.
Immensus Pater, immensus Filius, immensus [et] Spiritus Sanctus.

Æternus Pater, æternus Filius, æternus [et] Spiritus Sanctus.
Et tamen non tres æterni, sed unus æternus.
Sicut non tres increati, nec tres immensi,
sed unus increatus, et unus immensus.

Similiter omnipotens Pater, omnipotens Filius, omnipotens [et] Spiritus Sanctus.
Et tamen non tres omnipotentes,
sed unus omnipotens.

Ita Deus Pater, Deus Filius, Deus [et] Spiritus Sanctus.
Et tamen non tres dii, sed unus est Deus.

Ita Dominus Pater, Dominus Filius, Dominus [et] Spiritus Sanctus.

Et tamen non tres Domini,
sed unus [est] Dominus.
Quia, sicut singillatim unamquamque
personam Deum ac Dominum confiteri
christiana veritate compellimur:
Ita tres Deos aut [tres] Dominos dicere
catholica religione prohibemur.

Pater a nullo est factus:
nec creatus, nec genitus.

Filius a Patre solo est:
non factus, nec creatus, sed genitus.

Spiritus Sanctus a Patre et Filio:
non factus, nec creatus, nec genitus, sed procedens.

Unus ergo Pater, non tres Patres:
unus Filius, non tres Filii:
unus Spiritus Sanctus, non tres Spiritus Sancti.

Et in hac Trinitate nihil prius aut posterius,
nihil maius aut minus:
Sed totæ tres personæ coæternæ sibi sunt et coæquales.
Ita, ut per omnia, sicut iam supra dictum est,
et unitas in Trinitate, et Trinitas in unitate veneranda sit. Qui vult ergo salvus esse, ita de Trinitate sentiat.

Sed necessarium est ad æternam salutem,
ut incarnationem quoque Domini nostri Iesu Christi fideliter credat.
Est ergo fides recta ut credamus et confiteamur,
quia Dominus noster Iesus Christus, Dei Filius, Deus [pariter] et homo est.

Deus [est] ex substantia Patris ante sæcula genitus: et homo est ex substantia matris in sæculo natus.

Perfectus Deus, perfectus homo: ex anima rationali et humana carne subsistens. Æqualis Patri secundum divinitatem: minor Patre secundum humanitatem.

Qui licet Deus sit et homo, non duo tamen, sed unus est Christus.

Unus autem non conversione divinitatis in carnem, sed assumptione humanitatis in Deum.

Unus omnino, non confusione substantiæ, sed unitate personæ.

Nam sicut anima rationalis et caro unus est homo: ita Deus et homo unus est Christus. Qui passus est pro salute nostra: descendit ad inferos: tertia die resurrexit a mortuis. Ascendit ad [in] cælos, sedet ad dexteram [Dei] Patris [omnipotentis].

Inde venturus [est] judicare vivos et mortuos.

Ad cujus adventum omnes homines resurgere habent cum corporibus suis;
Et reddituri sunt de factis propriis rationem.
Et qui bona egerunt, ibunt in vitam æternam: qui vero mala, in ignem æternum.

Hæc est fides catholica, quam nisi quisque fideliter firmiterque crediderit, salvus esse non poterit.

PROFESSIO FIDEI TRIDENTINA

Ego N. firma fide credo et profiteor omnia et singula, quæ continentur in Symbolo, quo Sancta Romana ecclesia utitur, videlicet:

Credo in unum Deum, Patrem omnipotentem, factorem cæli et terræ, visibilium omnium et invisibilium. Et in unum Dominum Iesum Christum, Filium Dei unigenitum, et ex Patre natum ante omnia sæcula. Deum de Deo, Lumen de Lumine, Deum verum de Deo vero, genitum non factum, consubstantialem Patri; per quem omnia facta sunt. Qui propter nos homines et propter nostram salutem descendit de cælis. Et incarnatus est de Spiritu Sancto ex Maria Virgine, et homo factus est. Crucifixus etiam pro nobis sub Pontio Pilato, passus et sepultus est, et resurrexit tertia die, secundum Scripturas, et ascendit in cælum, sedet ad dexteram Patris. Et iterum venturus est cum gloria, iudicare vivos et mortuos, cuius regni non erit finis. Et in Spiritum Sanctum, Dominum et vivificantem, qui ex Patre Filioque procedit. Qui cum Patre et Filio simul adoratur et conglorificatur: qui locutus est per prophetas.

Et unam, sanctam, catholicam et apostolicam Ecclesiam. Confiteor unum baptisma in remissionem peccatorum. Et expecto resurrectionem mortuorum, et vitam venturi sæculi. Amen.

Apostolicas et Ecclesiasticas traditiones reliquasque eiusdem ecclesiæ observationes et constitutiones firmissime admitto et amplector.

Item sacram Scripturam iuxta eum sensum[1], quem tenuit et tenet sancta Mater Ecclesia, cuius est iudicare de vero sensu et interpretatione sacrarum Scripturarum, admitto; nec eam umquam nisi iuxta unanimem consensum Patrum, accipiam et interpretabor.

Profiteor quoque septem esse vere et proprie Sacramenta novæ legis a Iesu Christo Domino nostro instituta, atque ad salutem humani generis, licet non omnia singulis, necessaria: scilicet Baptismum, Confirmationem, Eucharistiam, Pænitentiam, Extremam Unctionem, Ordinem et Matrimonium; illaque gratiam conferre;

et ex his Baptismum, Confirmationem et Ordinem sine sacrilegio reiterari non posse. Receptos quoque et approbatos Ecclesiæ catholicæ ritus in supradictorum omnium Sacramentorum solemni administratione recipio et admitto.

Omnia et singula, quæ de peccato originali et de iustificatione in sacrosancta Tridentina Synodo definita et declarata fuerunt, amplector et recipio.

Profiteor pariter, in Missa offerri Deo verum, proprium et propitiatorium sacrificium pro vivis et defunctis. Atque in sanctissimo Eucharistiæ Sacramento esse vere, realiter et substantialiter Corpus et Sanguinem, una cum anima et divinitate Domini nostri Iesu Christi, fierique conversionem totius substantiæ panis in Corpus ac totius substantiæ vini in Sanguinem, quam conversionem Ecclesia catholica transubstantiationem appellat. Fateor etiam sub altera tantum specie totum atque integrum Christum verumque Sacramentum sumi.

Constanter teneo, Purgatorium esse, animasque ibi detentas fidelium suffragiis iuvari. Similiter et Sanctos, una cum Christo regnantes, venerandos atque invocandos esse, eosque orationes Deo pro nobis offerre, atque eorum reliquias esse venerandas. Firmiter[2] assero, imagines Christi ac Deiparæ semper Virginis, necnon aliorum Sanctorum habendas et retinendas esse, atque eis debitum honorem et venerationem impertiendam.

Indulgentiarum etiam potestatem a Christo in Ecclesia relictam fuisse, illarumque usum Christiano populo maxime salutarem esse affirmo.

Sanctam, catholicam et apostolicam Romanam Ecclesiam[3] omnium ecclesiarum matrem et magistram agnosco, Romanoque Pontifici, beati Petri Apostolorum principis successori, ac Iesu Christi Vicario, veram oboedientiam spondeo ac iuro.

Cetera item omnia a sacris canonibus et oecumenicis Conciliis, ac præcipue a sacrosancta Tridentina Synodo, et ab oecumenico Concilio Vaticano tradita, definita et declarata, præsertim de Romani Pontificis Primatu et infallibili Magisterio, indubitanter recipio ac profiteor; simulque contraria omnia, atque hæreses quascumque ab Ecclesia damnatas et reiectas et anathematizatas ego pariter damno, reicio, et anathematizo.

Hanc veram Catholicam Fidem, extra quam nemo salvus esse potest, quam in præsenti sponte profiteor et veraciter teneo, eandem integram, et immaculatam[4] usque ad extremum vitæ spiritum, constantissime, Deo adiuvante, retinere et confiteri, atque a meis subditis, vel[5] illis, quorum cura ad me in munere meo spectabit, teneri, doceri et prædicari, quantum in me erit, curaturum, ego idem N. spondeo, voveo ac iuro. Sic me Deus adiuvet et hæc sancta Dei Evangelia.

---

[1] "sensum eum" in the Manuale Sacerdotum, Schneider, Joseph, S. J., 1867.
[2] "Firmissime" in the Manuale.
[3] "Ecclesiam Romanam" in the Manuale.
[4] "inviolatam" in the Manuale.
[5] "seu" in the Florilegium Sue Fasciculus Precum et Indulgentiarum", De Schrevel, A. C., Legrand, A., Editio Tertia, 1933.

MEMENTO, tuum esse hodie:

Deum glorificare,
Iesum imitari,
beatissimam Virginem et Sanctos venerari,
Angelos invocare,
animam salvare,
corpus mortificare,
virtutes a Deo exorare,
peccata expiare,
paradisum comparare,
infernum evitare,
æternitatem considerare,
tempus bene applicare,
proximum ædificare,
mundum formidare,
dæmones impugnare,
passiones frenare,
mortem semper exspectare,
ad iudicium te præparare.

DE QUATTUOR NOVISSIMIS MEMORANDIS

Mors

Iudicium

Infernus

Paradisus

Made in the USA
Lexington, KY
23 July 2014